Bilderwelten. Fotografien aus dem Bildarchiv der ETH-Bibliothek
Herausgegeben von
Michael Gasser & Nicole Graf

N° 8

Thomas Eichenberger

EISENBAHNBILDER – EISENBAHNBILD
Schweizer Eisenbahnen im Fotoarchiv von Hans-Peter Bärtschi und der Stiftung Industriekultur

ETH-Bibliothek
Scheidegger & Spiess

6 Vorwort

EINLEITUNG

10 Eisenbahnbilder – Eisenbahnbild

BILDER

25 Bilder aus dem Fotoarchiv von Hans-Peter Bärtschi und der Stiftung Industriekultur

Vorwort

Im Frühjahr 2014 schloss sich für Hans-Peter Bärtschi (1950–2022) eine Klammer: Nach einer genauen Besichtigung der Archivmagazine im gesicherten Untergeschoss des Hauptgebäudes der ETH Zürich und der anschliessenden raschen Unterzeichnung des Übernahmevertrags übergab Bärtschi den reichhaltigen Kleinbildbestand der Stiftung Industriekultur dem Bildarchiv der ETH-Bibliothek. Damit kam sein fotografisches Lebenswerk an jene Institution, in der seine berufliche Laufbahn Jahrzehnte zuvor begonnen hatte. Ab 1969 hatte er an der ETH Zürich Architektur studiert und anschliessend mit seiner Dissertation «Industrialisierung, Eisenbahnschlachten und Mietskasernenbau. Städtebau- und Technikgeschichte der Arbeiterstadt Aussersihl-Zürich bis 1910» promoviert.

Die thematischen Schwerpunkte seiner Dissertation prägten Hans-Peter Bärtschis Laufbahn als Gutachter, Autor und Fotograf sowie Technik- und Wirtschaftshistoriker. Bereits 1979 gründete er in Winterthur sein Büro Arias – Architektur, Industriearchäologie und Stadtentwicklung, um damit schon früh die Dokumentation und Restaurierung von Industriedenkmälern zu ermöglichen. Als Pionier der Schweizer Industriearchäologie setzte sich Bärtschi auf vielen Ebenen für den Erhalt und die Dokumentation der materiellen Zeugen der Industrialisierung ein. So war er Autor zahlreicher Publikationen im Bereich Technik, Architektur und Bautechnikgeschichte, kuratierte Ausstellungen und wirkte an Radio- und Fernsehsendungen mit. Er trug ein gewaltiges Wissen zur jüngeren Geschichte der Schweiz zusammen, dokumentierte auf seinen Reisen in 120 Länder aber auch den industriellen Wandel in anderen Teilen der Welt. So entstanden in seinem Arbeitsleben ca. 260'000 Fotos, die er zusammen mit seiner Ehefrau Sylvia Bärtschi-Baumann in die Stiftung Industriekultur überführte.

In einer frühen systematischen Arbeit besuchte Hans-Peter Bärtschi ab 1965, jeweils nach schriftlicher Anfrage, schweizerische Industriebetriebe, die im Werkverkehr noch Dampflokomotiven einsetzten. Später erfolgte das Fotografieren aller neunhundert SBB-Bahnhöfe. Aus ökonomischen Gründen rollte er das Filmmaterial für die Kamera eigenhändig in Dosen ein und entwickelte es nach der Belichtung selbst. Technisch waren die Resultate nicht immer perfekt.

Ab 1979 erhielt jeder Abzug den Stempel «Technik-, Arbeiter- und Bauaufnahmen H. P. Bärtschi». Dieser programmatische Schriftzug fasst das fotografische Schaffen Bärtschis zusammen und prägte es gleichzeitig. Von Beginn an dokumentierte Bärtschi seinen Heimatkanton Zürich als «industriellsten Kanton der Schweiz». Erste Auslandstouren führten in die Nachbarländer, 1969 erfolgten grössere Reisen durch den Balkan und nach Spanien, 1973 eine lange Amerikareise. Über Fachzeitschriften und Fachkollegen wusste er, was wo verschwinden würde: Dort ging Hans-Peter Bärtschi wenn irgend möglich noch hin – zu den pakistanischen Schmalspur-Dampfbahnen an der afghanischen Grenze, zur Schwerindustrie im Ural, zu den ostafrikanischen Kolonialbahnen, bevor die mit Unterstützung Chinas erstellten Neubaustrecken vollendet waren. Nach rund vierzig Jahren des analogen Fotografierens erfolgte dann die Umstellung auf die digitale Fotografie.[1]

Mit dem letzten Bildtransport von Winterthur nach Zürich vom 15. Dezember 2015 war die reine Übernahme des Bildbestands abgeschlossen. Der Fokus lag nun auf den intensiven Inventarisierungs-, Digitalisierungs- und Erschliessungsarbeiten. Im DigiCenter der ETH-Bibliothek wurden zur effizienten Digitalisierung der rund 260'000 Bilder im Kleinbildformat zwei eigens zu diesem Zweck beschaffte Nikon-CoolScan-Geräte eingesetzt. Schnell stand fest, dass es effizienter war, alle Bilder zu digitalisieren, statt im Vorfeld eine manuelle Auswahl zu treffen. Die Digitalisierung war am 30. April 2018 abgeschlossen.

Was die Beschreibung der Bilder betrifft, hatte sich Hans-Peter Bärtschi das Ziel gesetzt, jedes digitalisierte Bild durchzugehen und einzeln mit Angaben zu Inhalt, Ort und Zeitraum zu versehen. Rudimentäre Metadaten waren jeweils nur pro Film auf den Klarsichtmappen der Kleinbildfilme oder den gelben Plastikschachteln der Kleinbilddias vorhanden. Dieses ambitionierte Vorhaben hätte bei zwei Minuten pro Bild ein Vollzeitpensum während zwei Jahren bedeutet. Glücklicherweise konnten zur Unterstützung des Vorhabens Drittmittel beim Lotteriefonds des Kantons Zürich eingeworben werden. Ausserdem wurden Preisgelder der Stiftung Landis + Gyr, die Hans-Peter Bärtschi bzw. die Arias Industriekultur 2014 erhalten hatte, für die Aufarbeitung des Bestands eingesetzt. Die Eigenleistungen der ETH-Bibliothek beliefen sich bei Projekteingabe auf 49 Prozent.

Der Bestand ist vollständig inventarisiert, erschlossen und digitalisiert und wird sukzessive über die Datenbank E-Pics Bildarchiv auf https://ba.e-pics.ethz.ch online zugänglich gemacht. Es wurden keine Originalmaterialien ausgeschieden. Die Bilder sind mit Orts-Schlagworten versehen, auf eine Sacherschliessung musste verzichtet werden.

Der Bestand mit insgesamt 259'437 Bildern ist in fünf Teilbestände gegliedert:
- 59'718 SW-Negative Kleinbildformat, überwiegend Inlandbilder, 1965–2006 (SIK_01). Der Bestand wurde im Februar 2019 online gestellt.
- 20'205 Mittelformate und Bestände anderer Fotografen (SIK_02)
- 115'367 Farbdias Kleinbildformat, überwiegend Auslandsreisen, ca. 1955–2010 (SIK_03). Der Bestand wurde im Oktober 2022 online gestellt.
- 45'614 Digitalfotografien, 2002–2021 (SIK_04)
- 18'533 Digitalfotografien zum Inventar der schützenswerten Industriekulturgüter der Schweiz (IKS), ab 2000, werden laufend ergänzt (SIK_05)

1 Bärtschi 2017, S. 3.

Hans-Peter Bärtschi schaffte es bis zu seinem zu frühen Tod im Februar 2022, den Bestand von SIK_01-000001 bis SIK_03-090084 zu sichten, Titel zu erstellen und zu kennzeichnen. Seine Kennzeichnungen der besonderen Bilder mit «empfohlen», «hervorragend» und «selten» findet sich im E-Pics Bildarchiv. Den Bestand SIK_02 hat er nicht gekennzeichnet.

Ziel dieser Publikation ist es, den Bildbestand der Stiftung Industriekultur bzw. Hans-Peter Bärtschis in seinen Entstehungskontext einzubetten, ihn einem breiteren Publikum bekannt zu machen und künftige Forschung anzuregen. Ganz bewusst wird dabei der Schwerpunkt auf das Bildmaterial zu den Schweizer Eisenbahnen sowie die damit verbundene Industrie und Infrastruktur gelegt. Als Autor konnte der Historiker Thomas Eichenberger gewonnen werden, der im Bereich der Geschichte des Eisenbahnwesens vor dem Hintergrund der gesellschaftlichen und wirtschaftlichen Modernisierung der Schweiz im 19. und 20. Jahrhundert forscht. Die grafische Gestaltung des Bands verdanken wir Claudio Barandun. Ein besonderer Dank geht an Sylvia Bärtschi-Baumann, die diese Publikation mit Rat und Tat begleitete.

Michael Gasser, Leiter Sammlungen und Archive der ETH-Bibliothek
Nicole Graf, Leiterin Bildarchiv der ETH-Bibliothek

EINLEITUNG

Eisenbahnbilder – Eisenbahnbild

Es steht ausser Zweifel, dass ein Band mit einer nur kleinen Auswahl aus dem überreichen Fundus von Hans-Peter Bärtschis Fotografien im Bildarchiv der ETH-Bibliothek – und zudem noch mit einer Fokussierung auf das Thema Eisenbahn – dessen vielfältigem Schaffen und breiten Interessen nicht gerecht zu werden vermag. Dies soll hier auch nicht versucht werden, ja würde grundsätzlich ein Ding der Unmöglichkeit darstellen. Und dennoch erscheint es durchaus gerechtfertigt, sich dem Riesenkonvolut von Bärtschis Aufnahmen aus dem thematischen Blickwinkel Eisenbahnen in der Schweiz anzunähern. So hat er sein enormes Wissen zu diesem Thema in einer seiner letzten grossen Publikationen zusammengefasst und damit einen der wichtigsten, wenn nicht den wichtigsten Beitrag zum 175-jährigen Jubiläum des Eisenbahnwesens in der Schweiz im Jahr 2022 geliefert. Lange vorbei die Zeiten, als das damalige Eidgenössische Amt für Verkehr (EAV) in Zusammenarbeit mit den Schweizer Bahnen zum einhundertjährigen Jubiläum 1947 ein fünfbändiges Jubiläumswerk mit annähernd dreitausend Seiten (!) publizierte.[1] Ein solches Unterfangen müssen sowohl die heutige Bundesverwaltung als auch die nach New-Public-Management-Ideen gestreamlinten Schweizer Bundesbahnen (SBB) als ausserhalb ihres Kerngeschäfts eingestuft haben. In die Bresche sprang – wenig überraschend und zum Glück – Bärtschi mit seinem Werk *Schweizer Bahnen. 1844–2024*. Dabei verlängerte er in Bärtschi-typischer Manier die 175 Jahre gegen den Mainstream um drei Jahre davor bzw. zwei danach auf 180 Jahre.[2] Dass da nicht einfach ein weiteres Hochglanzfotobuch zum Jubiläum, sondern eine facettenreiche, teilweise auch spröde Lektüre auf die Leserinnen und Leser wartet, darauf weist der Untertitel *Mythos, Geschichte, Politik* hin. Dabei mag etwas erstaunen, dass in dieser Trias die Ökonomie aussen vor blieb. Wir liegen aber wohl nicht grundsätzlich falsch in der Annahme, dass Bärtschi die ökonomischen (Produktions-)Verhältnisse des industriellen Zeitalters sowieso als integrale Grundlage für Geschichte und Politik voraussetzte.

Die Anfänge von Bärtschis Fotografie gewordener Liebe zur Eisenbahn

Vielleicht noch stärker mag eine Fokussierung auf Eisenbahnfotos durch den Umstand gerechtfertigt werden, dass Bärtschis Fotoschaffen sich in den ersten Jahren zu einem überwiegenden Teil auf diesen Bereich konzentrierte. Mit 15 Jahren erhielt Bärtschi seinen ersten Fotoapparat. Vor seiner Haustür lagen zwei Jagdreviere für den jungen Fotografen. Zum einen – und über die Jahre schier unerschöpflich – das SBB-Depot an der Lindstrasse, auf dessen Gelände er Jahre später mit seiner Firma Arias Industriekultur ziehen würde. Zum anderen – und dafür musste er nicht einmal vor die Tür –

1   Eidgenössisches Amt für Verkehr 1947–1964.
2   Bärtschi 2019.

führte die Werkbahn des Winterthurer Gaswerks mit ihren eigentümlichen Dampfspeicherloks vor der elterlichen Wohnung vorbei. Diesen engsten Radius weitete Bärtschi bald aus, etwa wenn er seine Grosseltern in Egg besuchte. Dort fotografierte er das vor der Ausrangierung stehende alte Rollmaterial der sich in einem massiven Modernisierungsschub befindlichen Forchbahn (FB) rund um deren altertümliches Depot auf der Forch. Weitere Gelegenheiten zur Ausdehnung des Radius boten dem begeisterten Pfadfinder die Pfadiausflüge und -lager, darunter das grosse Pfadibundeslager 1966 (BuLa 66) im Domleschg, für das die Rhätische Bahn (RhB) alles aufbieten musste, was Räder hatte – darunter vor allem auch die RhB-Krokodile Ge 6/6, zu denen Bärtschi über die Jahre eine fast innig zu nennende Beziehung aufbaute. Kaum einen anderen Lokomotivtyp hat er häufiger abgelichtet als diese formschönen Stangenlokomotiven. Wie ihre grossen Schwestern bei den SBB stehen diese ikonografisch für die Höchstleistungen der Schweizer Elektro- und Lokomotivindustrie im Zuge der global einzigartigen frühen Elektrifizierung des hiesigen Eisenbahnnetzes nach dem durch Kohlemangel geprägten Ersten Weltkrieg. Anlässlich der Fahrt zum BuLa 66 vertiefte Bärtschi über die Winterthurer Gaswerkloks hinaus sein Interesse an Werklokomotiven bei einem Zwischenhalt vor den Emser Chemiewerken. Dieser war wohl ein Zufall und schlicht der Überforderung des damals noch weitgehend aus den Gründerjahren stammenden Streckennetzes der RhB geschuldet. Die Werklokomotiven der Chemiewerke waren Dampfloks, wie sie zu dieser Zeit und auch noch lange Jahre danach bei den meisten schweizerischen Industriebahnen im Einsatz waren, darunter auch bei der Winterthurer Schweizerischen Lokomotiv- und Maschinenfabrik (SLM), bei der Bärtschi später ein Heizerpraktikum absolvierte. Schliesslich unternahm Bärtschi in seinen Jugendjahren immer wieder Velotouren, so im April 1966 ins Verkehrshaus der Schweiz in Luzern. Dabei stattete er auch den Industriedampfloks der Emmenbrücker Moos-Werke, dem Bahnhof und Depot Schöftland der aargauischen Wynental- und Suhrentalbahn (WSB) oder der aargauisch-zürcherischen Bremgarten-Dietikon-Bahn (BD) einen Besuch ab. Eine beachtliche sportliche Leistung stellten diese Touren mit den damals üblichen Dreigängern alleweil dar, gegenüber heute waren sie aber wesentlich ungefährlicher, da die Strassen damals noch leer waren: Nahte etwa ein BD-Zug am Mutschellen, konnte das Velo problemlos am Strassenrand abgestellt und die Komposition von der Strassenmitte aus abgelichtet werden.

SIK_01-000758. RhB-Extrazug voller Pfadfinder für das BuLa 66 bei Bonaduz, 1966.

SIK_01-000152. Depot der Forchbahn auf der Forch, 1966.

SIK_01-005279. Hans-Peter Bärtschi in einer Sulzer Werklokomotive anlässlich seines Heizerpraktikums, Oktober 1969.

Die Entwicklung des Schweizer Eisenbahnwesens nach dem Zweiten Weltkrieg

Wie die bereits erwähnte Forchbahn befanden sich BD und WSB Mitte der 1960er-Jahre in einer radikalen Modernisierungsphase hin zu leistungsfähigen Vororts- und S-Bahnen. Ihr altes, teilweise sehr charmantes Rollmaterial aus den Gründerjahren Anfang des 20. Jahrhunderts mit seiner Typenvielfalt würde bald aus dem Alltagsbetrieb verschwinden. Was sich im Kleinen bei diesen und zahlreichen weiteren Privatbahnen abspielte, lief auch bei den SBB ab und erfasste nach langen Jahren der Vernachlässigung das gesamte Eisenbahnwesen im Land. Zwar verfügten die Schweizer Bahnen angesichts ihrer Verkehrsleistungen im Zweiten Weltkrieg über ein ausgesprochen positives Image, das im hundertjährigen Jubiläum 1947 seinen Höhepunkt fand. Danach aber verdüsterten sich die Perspektiven für die Bahnen in bedrohlichem Tempo. Mit der aufkommenden Hochkonjunktur entwickelte sich der Güterverkehr auf der Strasse immer mehr zu einer Konkurrenz. Die Bahnen mussten in vielerlei Hinsicht noch unter den Bedingungen der krisenbehafteten Zwischenkriegszeit mit einer Infrastruktur aus der Gründerzeit und den völlig überkommenen rechtlichen Vorgaben des Eisenbahngesetzes von 1872 (!) agieren sowie unter Konzessionen, die zu Zeiten eines faktischen Güterverkehrmonopols formuliert worden waren.

SIK_01-000039. Beim Aufstieg auf den Mutschellen begegnet Hans-Peter Bärtschi einem Zug der Bremgarten-Dietikon-Bahn, Juli 1965.

SIK_01-000839. Hans-Peter Bärtschi mit seinem Velo auf der mehrheitlich stillgelegten Strecke Niederglatt–Otelfingen, 1966.

Dagegen verfügte die Strassenkonkurrenz über einen im Vergleich viel moderneren Fahrzeugpark und im bestehenden Strassennetz über eine Infrastruktur, für deren Unterhalt und Ausbau sie nicht zuständig war und zu der sie mehr indirekt als direkt finanziell beitragen musste. Diese Situation spitzte sich Mitte der 1950er-Jahre zu, als – mit für die Schweiz untypischer Rasanz – der Strassenverkehr mit den Vorbereitungen für den Bau der Nationalstrassen zu äusserst günstigen Bedingungen ein Hochleistungsstrassennetz erhielt. Auch wenn zu diesem Zeitpunkt der Besitz eines Autos noch einer vergleichsweise kleinen Bevölkerungsgruppe vorbehalten war, waren die Entwicklungslinien vorgezeichnet, und nur ein Jahrzehnt später wurden besonders die Städte von einem Verkehrsinfarkt bedroht. Dies galt gerade für zahlreiche schweizerische Städte mittlerer Grösse, in denen mit dem Wachstum des Strassenverkehrs das Tramnetz aufgehoben und durch einen Busbetrieb ersetzt wurde, so in Luzern und Schaffhausen, aber vor allem auch in Bärtschis Winterthur. Die Zeichen der Zeit wurden von der Politik durchaus erkannt. Nach den Massnahmen des Bunds zur Verbesserung der wirtschaftlichen Grundlage der krisengebeutelten Schweizer Bahnen vor dem Krieg wurde mit dem Eisenbahngesetz von 1957 endlich eine aktuelle gesetzliche Grundlage für das Schweizer Eisenbahnwesen geschaffen. Dies ermöglichte es dem Bund erstmalig, die Modernisierung der Schweizer Privatbahnen direkt mitzufinanzieren. Unter den günstigen Bedingungen des fortgesetzten Wirtschaftswachstums der Hochkonjunktur konnten damit die SBB und die Privatbahnen die dringende Modernisierung von Rollmaterial und Infrastruktur endlich in die Hand nehmen. Auch wenn der Strassenverkehr, nur zeitweilig gebremst etwa durch die Ölkrise 1973, unvermindert weiterwuchs und immer noch wächst und die Bahnen ab Beginn der 1960er-Jahre immer tiefrotere Zahlen einfuhren, wuchs die politische Unterstützung für die Modernisierung des Schweizer Eisenbahnwesens über die Jahre gleichermassen. Sie ermöglichte die Finanzierung von richtungsweisenden Infrastrukturprojekten wie der Heitersbergstrecke oder der Zürcher Flughafenlinie (1975 bzw. 1980) sowie den Aufbau des für andere Schweizer Regionen modellhaften zürcherischen S-Bahn-Netzes (1990). Dass Tunnelbauten bei den beiden genannten Neubaustrecken, aber auch bei der Zürcher S-Bahn mit dem unterirdischen Flughafenbahnhof und dem Zürichberg- und Hirschengrabentunnel zentrale Elemente des Ausbaus darstellten, kann im Tunnelland Schweiz nicht überraschen. Sie bildeten den Auftakt zu weiteren Tunnelbauten, neben den zahlreichen Tunnels zwischen Rothrist und Bern (1995) vor allem zur Querung der Alpen, allen voran der Lötschberg-Basistunnel (2007) und der Gotthard-Basistunnel (2016). Weniger verkehrs- als regionalpolitisch begründet war der Bau des bereits 1982 eröffneten Furka-Basistunnels, den der ehemalige Bundesrat Roger Bonvin als Verbindung zwischen seinem Heimatkanton Wallis und dem Kanton Uri über Gebühr vorantrieb. All dies ist rekordverdächtig: im Falle des Furka-Basistunnels zwar nur die Überschreitung der Baukosten um das Viereinhalbfache, dem Gotthard-Basistunnel wird hingegen mit seinen 57 Kilometer Länge der Rang des heute längsten Eisenbahntunnels der Welt zugeschrieben. Gleichzeitig erfolgte die Erneuerung des Rollmaterials von SBB und Privatbahnen in immer kürzeren Abständen – eine Folge des ressourcenintensiven Betriebs des Schweizer Eisenbahnwesens mit einem zunehmend dichteren Fahrplan, vor allem seit der Einführung des Taktfahrplans 1982. Diese massive Modernisierung ging zudem einher mit einer – nicht nur von Bärtschi bedauerten – Uniformität des Rollmaterials auf Schweizer Schienen. Gleichzeitig wurde versucht, das Erbe des Schweizer Eisenbahnwesens zu erhalten, höchst professionell etwa bei den SBB mit der Gründung der Stiftung SBB Historic, der Historic RhB, dem Tram Museum Zürich (TMZ), dem Dampfbahn-Verein Zürcher Oberland (DVZO) oder der Dampfbahn Furka-Bergstrecke (DFB). Letztere musste dabei einen enormen Aufwand zur Sanierung und Erhaltung der alpinen Gleisanlagen leisten, was auch reguläre Gesellschaften wie die Brienz Rothorn Bahn (BRB) vor beträchtliche finanzielle Schwierigkeiten stellt. Einen wesentlichen Beitrag zur Sicherung nicht nur des Eisenbahn-, sondern ganz generell des Verkehrswesens leistet das Verkehrshaus der Schweiz in Luzern.

Selektive Dokumentation

Vor diesem Hintergrund setzte Bärtschi nach seinen ersten Versuchen von 1965 im Folgejahr mit einer beeindruckenden Fotoproduktion ein. 1966 unternahm er auch erste Reisen ins grenznahe Ausland, etwa nach Mulhouse/Belfort (inklusive Basler Rheinhafen) oder Weil am Rhein/Zell im Wiesental, wo der Zugverkehr immer noch weitgehend mit Dampf betrieben wurde. Fast exklusiv nahm Bärtschi in dieser Anfangszeit Eisenbahnen, Trams und Busse auf, dokumentierte aber bemerkenswert früh, 1967, auch den Abbruch von Gebäuden im Winterthurer Bahnhofsviertel. Die erste grosse Auslandsreise führte Bärtschi 1973 nach Südamerika (Argentinien, Bolivien, Brasilien, El Salvador, Kolumbien, Peru), wobei die Verkehrsmittel und an vorderster Stelle die Eisenbahnen nach wie vor im Zentrum seines Interesses standen. Gleichzeitig öffnete er jedoch seinen Blick und nahm Strassenszenen auf oder setzte etwa in Brasilia die Monumentalarchitektur des Regierungsviertels in Kontrast zu den ärmlichen Unterkünften weiter Bevölkerungsschichten. Weitgehend politisch motiviert war seine Reise 1975 mit Parteigenossen der Kommunistischen Partei der Schweiz/Marxisten-Leninisten (KPS/ML)[3] ins damals praktisch hermetisch abgeschlossene Albanien. Ausgesprochen früh, 1977, war Bärtschi auch in China unterwegs. Wenngleich vor allem in China beeindruckende Dampfloks nicht fehlten, war sein Interesse auf beiden Reisen in dazumal von ihm als vorbildlich wahrgenommene sozialistische Länder pointiert gesellschaftlich-ökonomisch: Industrie- und Gewerbebetriebe mit ihrer Arbeiterschaft, gleichermassen bei der Arbeit wie bei kulturellen Aktivitäten, oder Schulen und Theater. Ende 1973 begann Bärtschi mit Blick auf seine Diplom- und spätere Doktorarbeit mit der Dokumentation der Verhältnisse in Aussersihl/Zürich.[4] Wohn- und Gewerbeanlagen vergleichbaren Alters fotografierte Bärtschi in der Folge unter anderem auch in Paris, Rom und (Ost-)Berlin (Mietskasernen, Abbruch Les Halles). Er legte den Grundstein für die umfassende und systematische fotografische Dokumentation, auf der seine berufliche Tätigkeit aufbaute. So fotografierte er etwa das Inventar der SBB-Bahnhöfe, aufgegebene Industriebetriebe, darunter an vorderster Stelle die Gaswerke in Winterthur und Schlieren, und (Industrie-)Dörfer, mit einem deutlichen Schwerpunkt im Zürcher Oberland, aus dem auch eines seiner erfolgreichsten Projekte, der Zürcher Oberländer Industrielehrpfad, resultierte.

Hans-Peter Bärtschi nahm über 30'000 Fotos mit Sujets des Schweizer Eisenbahnwesens auf, die für diese Publikation berücksichtigt wurden.

SIK_01-001929. Bahnhof Rottweil (D), Februar 1967.

SIK_01-006212. La Paz, Bolivien, 1973.

SIK_03-055237. Zhongwei-Rampe mit Dampflokomotiven in Mehrfachtraktion, März 1995.

3 Zu Bärtschis Parteiarbeit: Bärtschi 2008.
4 Bärtschi 1983.

Darunter sind vornehmlich Rollmaterial und Infrastrukturen wie Bahnhöfe und Depots, aber auch im Auftrag der SBB auf Führerstandfahrten entstandene Bilder von Streckenabschnitten zur Überprüfung von deren Lichtraumprofil im Hinblick auf die Einführung des Huckepack-Verkehrs. Dazu kommen Aufnahmen in und rund um Werke der Schweizer Eisenbahnindustrie, aus geografisch einsichtigen Gründen primär der Winterthurer SLM, sowie von Produkten dieser Industrie, die Bärtschi bei seinen unzähligen Auslandsreisen antraf.

Die Leistungsfähigkeit der Schweizer Lokomotiven- und Wagenindustrie hervorzuheben, war Bärtschi ein besonderes Anliegen, zumal ihre Erzeugnisse mit der frühen Einführung der elektrischen Traktion angesichts der Pflichtenhefte im Gebirgsland Schweiz über Jahrzehnte das Prädikat «Weltrekord» verdienten. Angefangen bei den Ce 6/8II, den legendären Krokodilen, bis zu den drei Doppelloks Ae 8/14 aus den 1930er-Jahren, die sich in der Praxis allerdings nicht bewährten. Im Zuge der Schweizerischen Landesausstellung von 1939 unmittelbar vor dem Ausbruch des Zweiten Weltkriegs mutierten diese in erster Linie zu einer Projektionsfläche Schweizer Eigenständigkeit. Die aus Bärtschis Optik ganz offensichtlich «wirklichen» Gotthard-Lokomotiven waren die 120 zwischen 1952 und 1966 gebauten Ae 6/6, in erster Serie mit den auffälligen Stirnfronten mit Chromzierleisten und Schweizerkreuz sowie den seitlich angebrachten Wappen. Die von ihm systematisch fotografierten und gleichsam gefeierten «Schweizerkreuz-» bzw. «Wappenlokomotiven» waren in der Nachkriegszeit und in Bärtschis Jugendzeit tief im Selbstverständnis der Schweizer Bevölkerung verankert. Besonders bei der Jugend wurden sie auch durch Veröffentlichungen in mehreren Heften des *Schweizerischen Jugendschriftenwerks* (SJW)[5] populär gemacht. Schon bei der Nachfolgelok, der Re 6/6, scheint Bärtschis Enthusiasmus allerdings etwas erlahmt zu sein, auch wenn sie ebenfalls Schweizerkreuz und -wappen trug. Die Produktion der Re 460 ab 1990 als letztem wirklich eigenständigem Schweizer Lokomotivenbau war ihm nicht viel mehr als eine fotografische Randnotiz wert. Letztlich fokussierte sich Bärtschi auf die in derselben Halle hergestellten ölbefeuerten topmodernen Zahnraddampflokomotiven für die BRB. Der Niedergang der einst stolzen schweizerischen Eisenbahn- und Maschinenindustrie stand für Bärtschi in einer Reihe mit der in den 1990er-Jahren grassierenden Deindustrialisierung der Schweiz, die er mit einer deutlich spürbaren Resignation, ja gar Wehmut zur Kenntnis nahm.

SIK_03-090892. Eine Ae 6/6 in vollem Chromglanz, ohne Angaben.

SIK_01-045908. Montage einer modernen ölbefeuerten Zahnraddampflokomotive in den SLM-Hallen, 1996.

5 Passgenau in Bärtschis Jugendzeit herausgegeben, die SJW-Hefte.

Während Bärtschi also etwa die Schweizerkreuz-Lokomotiven umfassend dokumentierte und auch ihre Schwesterlokomotiven der Bern-Lötschberg-Simplon-Bahn (BLS) und der RhB mit ihren Berner und Bündner Kantonswappen an der Stirnfront immer wieder fotografierte, zeigte er für anderes modernes Rollmaterial der SBB kaum noch Interesse. Entsprechende Aufnahmen scheinen eher zufällig entstanden zu sein, etwa von den vier RABDe 8/16, die als Ersatz für die alten RABDe 12/12 gedacht waren. Die RABDe 12/12 waren Teil der ersten Generation moderner S-Bahn-Züge der SBB mit hoher Beschleunigung für den Regionalverkehr aus der Mitte der 1960er-Jahre. In gediegenem Dunkelrot waren sie auf der rechtsufrigen Zürichseebahn als «Goldküsten-Express» unterwegs. Die RABDe 8/16, in auffälliger gelb-violetter Farbgebung, was ihnen im Volksmund den Namen «Chiquita» eintrug, kamen über den Prototypenstatus nicht hinaus und belegten damit – so darf man vermuten auch aus der Sicht von Bärtschi – primär das gemeinsame Unvermögen der Schweizer Eisenbahnindustrie und der SBB, rechtzeitig den Übergang zu leistungsfähigen Triebwagenzügen zu bewerkstelligen, wie er in diesen Jahren etwa in den Niederlanden oder in Grossbritannien erfolgreich umgesetzt wurde. Zudem scheint Bärtschi als Architekt die Abkehr vom vornehm-zurückhaltenden Dunkelgrün ästhetisch nur bedingt überzeugt zu haben; die bemerkenswerteste der wenigen Aufnahmen dieses Typs zeigt eine «Chiquita» in der ebenfalls wenig dezenten neuen Winterthurer Bahnhofshalle mit ihren grell-hellgrünen Stützen. Im Grunde in noch stärkerem Masse ignorierte Bärtschi den als neues SBB-Paradepferd angepriesenen «Swiss Express», der mit der Eröffnung der Heitersberglinie 1975 in ebenfalls auffälliger Farbgebung – Orange/Steingrau – als Nachfolgezug der früheren Städteschnellzüge auf der Haupttransversale vom Bodensee zum Genfersee eingesetzt wurde. Dass die für den «Swiss Express» an sich sinnvolle Neigezugtechnik für höhere Geschwindigkeiten im kurvenreichen Schweizer Eisenbahnnetz nicht wirklich funktionierte, die Eisenbahningenieure diese aber auch in den neuesten Bombardier-Kompositionen der SBB rund ein halbes Jahrhundert später immer noch nicht in Griff bekommen haben, sei nur am Rande vermerkt. Für Bärtschi stellten zweifellos die fünf auf den TEE-Verbindungen ab 1961 eingesetzten Schnelltriebwagenzüge vom Typ RAe TEE II den Höhepunkt schweizerischen Eisenbahnschaffens bezüglich Eleganz und Fahrkomfort dar, und zwar auch dann noch, als sie in abgestuftem, dezentem (Maus-)Grau nur noch als Zubringerzüge für den TGV-Verkehr eingesetzt wurden. Nicht zuletzt seine emotionalen Aufnahmen dieser Kompositionen kurz vor und während des Abbruchs lassen auf ein entsprechendes Mass an Herzblut schliessen. Auch wenn also die SBB mit ihrer nicht allzu innovativen Beschaffungspolitik eine gewisse Mitschuld traf, verstand Bärtschi den Niedergang der einst leistungsfähigen Schweizer Eisenbahnindustrie in seiner allgegenwärtigen Kapitalismus- und Globalisierungskritik in erster

Linie als eine Abfolge von falschen, da auf Eigeninteresse und persönliche Bereicherung ausgerichteten Managerentscheiden und als generelles Verscherbeln des industriellen Tafelsilbers im Zeichen des Neoliberalismus, wie er es auch in anderen Industriebereichen der Schweiz konstatierte.[6] In diesem Sinne läuft die häufig geübte Kritik, die Schweizer Eisenbahngesellschaften formulierten bei Rollmaterialbeschaffungen allzu anspruchsvolle Pflichtenhefte mit vielen Spezialwünschen, tendenziell ins Leere. Die damaligen «Big Six» der Schweizer Lokomotiv- und Eisenbahnindustrie – die Schweizerische Wagons- und Aufzügefabrik Schlieren (SWS), die Schweizerische Industrie Gesellschaft (SIG) in Neuhausen, die Société Anonyme des Ateliers de Sécheron (SAAS) in Genf, die Brown, Boveri & Cie (BBC) mit der 1967 von ihr übernommenen Maschinenfabrik Oerlikon (MFO) sowie die Winterthurer SLM – kannten zweifellos die Bedürfnisse ihrer Schweizer Kunden à fonds und vermochten diese bis in die 1960er-Jahre erfolgreich zu befriedigen. Ihr Auslandserfolg wird abgesehen vom Nischenprodukt Zahnradbahnen allgemein wohl eher überschätzt. Auch von Bärtschi, der, so will es scheinen, eher widerwillig eingestand, dass Fahrzeuge der aus den Trümmern der ehemaligen Schweizer Eisenbahnindustrie entstandenen Stadler Rail inzwischen in der halben Welt fahren.[7] In auffälliger Weise korrelieren Bärtschis Eisenbahnfotos im Schweizer Umfeld also mit den als Höhepunkt der Schweizer Eisenbahnindustrie wahrgenommenen Produkten und Dekaden. Damit weist sein Eisenbahnbildschaffen quasi Löcher auf, unabhängig davon, dass er aufgrund seiner beruflichen Tätigkeit mit der Zeit in seiner Bilderproduktion zunehmend andere Schwerpunkte ausserhalb der Eisenbahnwelt setzte und er bei seinen zahlreichen Auslandsreisen seine Aufmerksamkeit auf andere Objekte und Themen richtete. Und das nicht nur, was die tendenzielle Nichtbeachtung neueren Rollmaterials auf Schweizer Schienen oder die Aktivitäten des von ihm als Milliardär betitelten Eisenbahnunternehmers Peter Spuhler betrifft. Trotz oftmals sehr systematischer Ansätze – erneut können die Rekord- und Schweizerkreuz-Lokomotiven genannt werden – haftet der Sammlung mit Schweizer Eisenbahnfotos bis zu einem gewissen Grad etwas Zufälliges an. Als Jugendlichem etwa waren Bärtschi mit dem Raum rund um Winterthur gewisse Grenzen gesetzt, die er zuerst auf seinen Velotouren, bei Familienferien oder Pfadfinderlagern erweitern konnte. Auch wenn letztlich von fast allen Schweizer Bahnen eine Handvoll Bilder existieren, haben nicht alle Regionen des Landes eine gleich systematische Beachtung gefunden. So lassen sich gewisse «weisse Flecken» auf der Landkarte im Baselbiet, rund um Bern, in der Westschweiz oder auch im Tessin erkennen. Auch scheinen in einigen

SIK_03-112562. Ein RAe TEE II in mausgrauer Bemalung wartet im Hauptbahnhof Zürich auf die Abfahrt, Januar 1994.

SIK_01-004216. Ehemalige Meterspur-Dampflokomotiven der SBB-Brünigbahn und der Bahn Yverdon-Ste. Croix auf dem Abstellgleis in Volos, Griechenland, Juli 1968.

6 Bärtschi 2019, S. 301 ff.
7 Ebd., S. 314.

Fällen erst Jubiläen oder die Durchführung von speziellen Dampf- oder Oldtimertagen sein Interesse geweckt zu haben – auf das Ambivalente dieser Musealisierung des Eisenbahnwesens wird noch zurückzukommen sein.

Schwerpunkte der Bildauswahl

Damit ergeben sich beim Durchforsten des Bildmaterials, das dieser Publikation zugrunde liegt, zeitlich – eine deutliche Mehrheit von Bärtschis Schweizer Eisenbahnfotos stammen aus den Jahren 1965–1980 – und inhaltlich natürliche Schwerpunkte. Inhaltlich gestützt wurde die Auswahl der Bilder darüber hinaus durch Bärtschis bereits erwähntes *Buch Schweizer Bahnen. 1844–2024*, seiner überaus kenntnisreichen Publikation zum eisenbahngeschichtlichen Vermächtnis, die sich in Ansatz und thematischer Breite wohltuend von den meisten anderen abhebt, die zum 175-jährigen Jubiläum des Schweizer Eisenbahnwesens erschienen. Weiter als Leitlinie benutzt wurde seine Darstellung *Kilometer Null. Vom Auf- und Abbau der industriellen Schweiz*[8] von 2004, in der er den Niedergang der schweizerischen Eisenbahnindustrie in den übergreifenden Kontext der Deindustrialisierung der Schweiz und der Auslagerung der industriellen Produktion ins Ausland im Zeichen der Globalisierung stellte.

SIK_01-000105. Hans-Peter Bärtschis ferrophile Heimat: das SBB-Depot an der Lindstrasse in Winterthur, Februar 1966.

SIK_01-000544. Zug mit einem Steuerwagen der ersten Generation aus den Jahren 1927/28 auf der Linie Winterthur–Schaffhausen, Mai 1966.

Die für dieses Buch ausgewählten Bilder lassen sich thematisch um etwas mehr als ein Dutzend Sachbereiche gruppieren. Zuvorderst genannt werden können jene, die sich aus Bärtschis Herkunft aus Winterthur ergeben. Das Depot Winterthur war zwar nicht das grösste und wichtigste Depot der SBB, aber es beherbergte eine Vielzahl von alten Lokomotiven und Triebwagen sowie einige der wenigen übrig gebliebenen Dampflokomotiven, die von Winterthur aus ihren letzten Dienst auf den von dort ausgehenden Nebenlinien versahen, so nach Stein am Rhein, nach Etzwilen mit nachfolgendem Übergang über eine phänomenale Rheinbrücke nach Deutschland oder durch das damals noch stark durch die Textilindustrie geprägte Tösstal. Dies waren vorerst primär für den Flachland- und Regionalverkehr gebaute kleinere elektrische Lokomotiven der ersten Generation und wenig leistungsfähige Triebwagen. Mit den Jahren kamen auch die ehemaligen Leistungsträger des schweren Schnellzug- und Güterzugverkehrs auf den SBB-Paradestrecken, der Ost-West-Transversale und am Gotthard, zunehmend nur noch nachgeordnet zum Einsatz und führten bestenfalls noch Post- und Kiesblockzüge oder – im Zeichen des wachsenden Verlusts des Güterverkehrs an die Strasse – die immer kürzeren Stückgüterzüge. Depots gehörten über die Jahre zu den bevorzugten «Jagdrevieren» von Bärtschi, in ihnen und um sie standen die Veteranen in grosser Zahl. Dazu gehörten neben Winterthur bald auch Zürich

8 Bärtschi 2004.

sowie die grossen Zentralwerkstätten in Olten und das Werk Biel, zu denen er sich schon sehr früh Einlass zu verschaffen vermochte. Während die rund um die Depots oder im Zürcher Vorbahnhof häufig zahlreich abgestellten Loks dankbare Sujets abgaben, stellte das Depotinnere mit den oftmals diffusen Lichtverhältnissen vor allem den jungen Fotografen vor etwelche Probleme, ebenso die räumlichen Dimensionen etwa der Werkstätte Olten oder der Produktionshallen der SLM, die Bärtschi auch immer wieder aufsuchte.

SIK_01-002333. Regulärer Kurs der Sursee-Triengen-Bahn mit einer E 3/3 Dampflokomotive ex-SBB bei Triengen, März 1967.

Während der letzte reguläre Einsatz einer SBB-Dampflok 1968 erfolgte und dann nur noch eine anachronistische Bahn wie die Sursee-Triengen-Bahn (ST) über einen fahrplanmässigen Dampfverkehr verfügte, waren Dampfloks noch über lange Zeit das Rückgrat auf schweizerischen Werkbahnanlagen, neben den Winterthurer Firmen SLM und Sulzer beispielsweise auch beim Stahlwerk Von-Roll-Werke in Choindez südöstlich von Delémont im Kanton Jura, beim Aluminiumwerk in Chippis im Wallis, bei der Papierfabrik Perlen in Gisikon-Root im Kanton Luzern, der Bierbrauerei Feldschlösschen im aargauischen Rheinfelden, den Stahlwerken in Bodio im Tessin bzw. in San Vittore und Misox in Graubünden sowie bei den Gaswerken in Winterthur, Schlieren und St. Gallen. Der entsprechende Lokomotivenpark wies einige der ältesten noch fahrtüchtigen Dampflokomotiven aus Zeiten der Schweizer Privatbahnen auf sowie etliche Besonderheiten wie Dampfspeicherloks, wie sie auch vor Bärtschis Haustüre verkehrten. Bei der topografisch exponierten Maschinenfabrik Rüti musste der Höhenunterschied hinauf zum Bahnhof Rüti auf kürzester Distanz mittels einer Zahnraddampflok überwunden werden. Einzelne Werkbahnen waren elektrifiziert, wie jene der Georg-Fischer-Werke in Schaffhausen oder der Holzfirma Renfer in Biel, beide in Schmalspur, womit als weitere Spezialität ein Verladen von Normalspurgüterwagen auf Rollschemel für die Strecke zum Werkgelände dazukam. Die Werkbahnen stellten für Bärtschi zweifellos eine ideale Verschränkung von Industrie und Eisenbahn dar, die er in den 1960er- und 1970er-Jahren nahezu lückenlos dokumentierte. Grundsätzlich interessierte sich Bärtschi für Schnittstellen, beispielhaft dafür die Bahn- und Hafenanlage in Romanshorn, wo 1869 die Schweizerische Nordostbahn (NOB) den einzigen nennenswerten Trajektverkehr im Schweizer Eisenbahnwesen nach Friedrichshafen und für einige Zeit auch nach Lindau in Deutschland einrichtete, der 1974 eingestellt wurde, oder die Hafenbahn im Basler Hafen. Dazu gehörte aber auch der von Bärtschi in frühester Zeit aufgenommene, weit weniger spektakuläre Bahnhof Bremgarten West, wo die schmalspurige BD vom Zentrum Bremgartens aus über eine der ersten Betonspannbrücken in der Schweiz über die Reuss auf die 1876 eröffnete normalspurige Zweiglinie der Aargauischen Südbahn (ASB) traf. Zwar hatte die schmalspurige BD nach dem Einbau einer dritten Schiene und der Elektrifizierung der Strecke nach Wohlen 1912, noch vor dem Ersten Weltkrieg, den Personenverkehr übernommen, der Güterverkehr wurde aber nach wie vor mit normalspurigem Rollmaterial geführt.

In einem weiteren Bereich war die Schweiz seit frühester Zeit in einer eigentlichen Pionierrolle unterwegs: bei den Bergbahnen und dabei vor allem bei den Zahnradbahnen. Auch wenn die weltweit erste Zahnradbahn ab 1869 auf den Mount Washington im US-Bundesstaat New Hampshire unterwegs war, war es der Schweizer Lokomotivenbauer im Dienste der Schweizerischen Centralbahn (SCB), Niklaus Riggenbach, der die Technik weiterentwickelte. Zusammen mit dem Aarauer Eisenbahningenieur Olivier Zschokke und dem St. Galler Bauunternehmer Ferdinand Adolf Naeff erbaute er die 1871 eröffnete Vitznau-Rigi-Bahn (VRB), der das Trio bald die Arth-Rigi-Bahn (ARB) und die Rorschach-Heiden-Bergbahn (RHB) folgen liessen. Die ersten Zahnraddampflokomotiven der VRB wurden nach Plänen Riggenbachs noch in der von ihm aufgebauten und geleiteten SCB-Zentralwerkstätte Olten gebaut. Danach stieg die von Riggenbach, Zschokke und Naeff gegründete Internationale Gesellschaft für Bergbahnen (IGB) auf ihrem Werkgelände in Aarau in die Lokomotivenproduktion ein, die aber aufgrund der Wirtschafts- und Eisenbahnkrise Mitte der 1870er-Jahre nach nur wenigen Exemplaren, darunter jene für die RHB, wieder eingestellt werden musste. Den Bau der nächsten Generation von Lokomotiven für die Rigi-Bahnen übernahm bereits 1873 die Winterthurer SLM, die sich bis in die letzten Jahrzehnte des 20. Jahrhunderts hinein eine weltweite Marktführerschaft erarbeitete. Die Zahnradsparte der SLM wurde von Stadler Rail übernommen, die für die beiden Rigi-Bahnen 2022 die neueste Generation von elektrischen Zahnradfahrzeugen produzierte, aber auch den Exporterfolg der SLM weiterführen konnte, etwa mit der Lieferung neuen Rollmaterials für die einzige Zahnradbahn Griechenlands, von Diakopto am Golf von Korinth hinauf in den Kur- und Wintersportort Kalavrita. Die Rigi-Bahnen weisen für den generell an Eisenbahninfrastruktur interessierten Bärtschi systembedingt – unter den Bedingungen des Zahnradbetriebs und der schwierigen Topografie war alles etwas komplexer – weitere Besonderheiten auf, etwa die Schiebebühne im Bereich des Depots der ARB in Arth-Goldau oder die im rechten Winkel über den SBB-Gleisen liegende Abfahrtshalle.

Die Schweiz ist nicht nur ein Tunnel-, sondern auch ein Brückenland. Die ersten Bahnstrecken folgten weitgehend den Flussläufen und erforderten

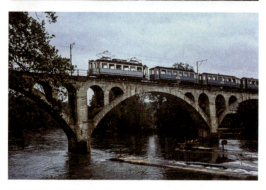

SIK_03-078581. In Schaffhausen wurden für den Transfer der Normalspurgüterwagen vom SBB-Güterbahnhof zum Georg-Fischer-Werk im Mühlental Rollschemel verwendet, April 1983.

SIK_01-006845. Zur Überwindung des Niveauunterschieds zwischen der Maschinenfabrik Rüti und dem SBB-Bahnhof diente ein Zahnradviadukt, 1974.

SIK_03-099217. Ein aus altem Rollmaterial bestehender Personenzug der Bremgarten-Dietikon-Bahn überquert die Reuss auf der 1912 gebauten frühen Betonbrücke nach Bremgarten West, ca. September 1969.

nur an wenigen Stellen bereits in frühester Zeit grössere Brücken, so bei der 1856 eröffneten Strecke Baden – Brugg der NOB beim aargauischen Wasserschloss, dem Zusammenfluss von Aare, Reuss und Limmat östlich von Brugg. Dagegen musste die Ausdehnung des Schweizer Eisenbahnnetzes in die Alpen und Voralpen in späteren Phasen zwangsläufig zu spektakulären Brückenbauten führen. Von diesen lagen nicht wenige in Bärtschis Einzugsgebiet, darunter die von der Schweizerischen Nationalbahn (SNB) 1875 fertiggestellte Brücke über die Thur in Ossingen oder in Verlängerung der SNB-Strecke Winterthur – Etzwilen die gleichermassen eindrückliche Rheinbrücke hinüber nach Heimishofen und schliesslich Singen, über die die SNB sich einen Teil des Güterverkehrs aus Deutschland sichern wollte. Die SNB wurde als politisch motiviertes Bahnprojekt der Winterthurer Demokraten als «Volksbahn» zwischen Boden- und Genfersee in Konkurrenz zu Alfred Eschers «Herrenbahn» NOB gegründet. Sie war zweifellos die grösste Fehlplanung des Schweizer Eisenbahnwesens, umfuhr doch die SNB mit Ausnahme von Winterthur sämtliche damals bereits industrialisierten Städte und Regionen. Unter schwierigen topografischen Bedingungen musste sie umfangreiche und kostspielige Erdarbeiten und zahlreiche Kunstbauten vornehmen, neben jenen über Rhein und Thur im Aargau auch über die Limmat bei Wettingen und die Reuss bei Mellingen. Weitgehend abgeschnitten vom lukrativen Güterverkehr ging die SNB krachend bankrott und wurde 1878 liquidiert. Die Liquidationsmasse übernahm zwei Jahre später zu noch 14 Prozent der Investitionskosten ausgerechnet die NOB, bei der allerdings der Widersacher der Winterthurer Demokraten, Alfred Escher, zwischenzeitlich auch ausgebootet worden war. Die Hauptlast des riesigen, aus dem SNB-Abenteuer entstandenen Schuldenbergs trug die Stadt Winterthur, die die letzte Rate der Schuld 1952 tilgte, also zwei Jahre nach der Geburt Bärtschis, der – wenig verwunderlich – ein besonderes Interesse am Schicksal der SNB zeigte und zusammen mit anderen Autoren 2009 die äusserst aufschlussreiche Publikation *Die Nationalbahn. Vision einer Volksbahn* verfasste.[9]

SIK_01-012069. Eine Ae 3/6 I mit einem kurzen gemischten Zug unterquert die Bahnhofbrücke der Arth-Rigi-Bahn in Arth-Goldau, März 1980.

Beim Ausbau der Eisenbahninfrastruktur wurde in der Schweiz schon früh im 20. Jahrhundert Beton als neuer Baustoff verwendet, beispielsweise neben jener Brücke über die Reuss bei Bremgarten von 1912 auch bei der Stahlbeton-Bogenbrücke der Chur-Arosa-Bahn (ChA, seit 1942 RhB) bei Langwies. Eines der grössten frühen Bauwerke aus Beton war das 1901 erbaute und 1911 erweiterte Lokomotivdepot in St. Gallen in Form eines Rundschuppens mit vorerst 15 und später 21 Lokomotivständen, die über die grösste Drehscheibe des Landes bedient wurden. Es kann nicht erstaunen, dass der fähige Modellbauer Bärtschi dieses in seiner Dimension für Schweizer Verhältnisse herausstechende Depot als Vorlage für ein entsprechendes

9   Bärtschi, Bärtschi-Baumann, Güller 2009.

Modell nahm. Von Bärtschis Faszination für derartige Anlagen zeugen auch seine zahlreichen Aufnahmen von Drehscheiben und Rundschuppen in Deutschland und Frankreich, die aber in ihren Dimensionen die St. Galler Anlage zumeist deutlich übertrafen. Letztlich galt dies allerdings für die gesamte Eisenbahninfrastruktur. In der Schweiz war einfach alles eine Dimension kleiner, überschaubarer – und ja, auch aufgeräumter: Nahezu unüberschaubare Eisenbahnanlagen und später -brachen fehlten in unserem Land und fehlen noch immer. In diesem Sinne bot das Depot Winterthur mit seinem Lokschuppen, der Drehscheibe, den Anlagen für Wasser und Kohle für die letzten verbliebenen Dampflokomotiven, einem für schweizerische Verhältnisse eindrücklichen Signalreiter in nächster Nähe zum Depot, der den Betrieb quer über das ganze Gleisfeld sicherte, einem Stellwerk sowie Unterständen für das Rangierpersonal eine fast modellhafte, um nicht zu sagen modellbahnartige Eisenbahnlandschaft auf kleinstem Raum.

SIK_01-022538. Lokomotivdepot St. Gallen, November 1988.

Eine besondere Stärke von Bärtschis frühen Fotos liegt unbestritten darin, dass sie altes Rollmaterial, darunter vereinzelt gar noch Dampflokomotiven, im Alltagsbetrieb zeigen, im Falle der Schnellzuglokomotiven Ae 4/7 teilweise bis in die 1990er-Jahre hinein. Das verleiht diesen Aufnahmen eine einzigartige Authentizität. Schon bald aber kamen zu diesen Alltagsaufnahmen Bilder von speziellen Dampftagen hinzu, so das internationale Dampfloktreffen in Degersheim bereits 1965, oder Jubiläen, beispielsweise 1972 zur Eröffnung der ersten Schmalspurbahn in der Schweiz einhundert Jahre zuvor, der Meterspurbahn von Lausanne nach Echallens, oder die Einhundertjahrfeier der Nationalbahn von 1975, nur gerade zwei Jahre später gefolgt von der Feier der Inbetriebnahme des SNB-Westasts. Über die Jahre fanden vielerorts und in kaum mehr überblickbarer Zahl Nostalgie- und Dampffahrten statt, oftmals mit speziellen Fotohalts, bei denen die Aficionados die dampfschnaubenden Eisenrösser vor möglichst pittoresker Szenerie ablichten konnten. Dank seines wachsenden Netzwerks konnte Bärtschi bei diesen Gelegenheiten auch früh schon auf den Führerständen mitfahren. Gleichzeitig schossen allerorten Vereine aus dem Boden, die es sich zur Aufgabe machten, das historische Rollmaterial vorerst vor dem Verschrotten zu bewahren und danach für die immer beliebteren Sonderfahrten in perfektem Zustand betriebsfähig zu machen, so als hätten Lokomotiven und Wagen gerade ihr Rollout aus den Werkhallen von SLM oder SIG hinter sich. Hans-Peter Bärtschi stand dieser Entwicklung mit gemischten Gefühlen gegenüber. Zum einen beteiligte er sich schon früh als Fotograf aktiv an solchen Anlässen, zum anderen hielt er in späteren Tagen unmissverständlich fest, dass es in unserem Land letztlich zu viele derartige Initiativen und Vereine gab, denen es oft an der für ihn unabdingbaren Professionalität mangelte. Beispielhaft in ihren Aktivitäten waren nach seinem Urteil neben dem Verkehrshaus der Schweiz die SBB mit SBB Historic, die RhB, der DVZO, der DFB oder die Trammuseen in Basel, Bern, Genf, Neuenburg und in Zürich. Für das letztgenannte hatte sich Bärtschi engagiert. Implizit enthalten war diese Kritik auch in seinen Fotos von den Abwrack- und Schrottplätzen. Sie zeigten schonungslos nicht nur das Ende des Rollmaterials einer kaputtgefahrenen, da nie sanierten Schmalspurbahn wie der 1964 durch einen Busbetrieb ersetzten Strassenbahn Schaffhausen-Schleitheim (StSS), sondern selbst stolzester Produkte der Schweizer Eisenbahnindustrie wie die Krokodile oder die formschönen TEE-Züge. Der immer bestens informierte Bärtschi war schon früh bestrebt, den Alltagsbetrieb von Bahnen, die kurz vor ihrer Ausserbetriebsetzung standen, noch in Bildern zu festzuhalten. So geschehen etwa bei der Glarner Sernftalbahn (SeTB, 1969), der Tessiner Lugano-Cadro-Dino-Bahn (LCD, 1967/70) oder bei der Biasca-Acquarossa-Bahn (BA, 1973), ebenfalls im Tessin. Letztere war nota bene ein nicht ganz 14 Kilometer langer Stummel eines viel grossartigeren Bahnprojekts, der Lukmanierbahn, die beim Entscheid zum Bau der Alpentransversale um 1870 gegenüber dem Gotthard-Projekt den Kürzeren gezogen hatte. Auch wenn Bärtschi die grosse Aufhebungswelle bei den Schmalspur- und Trambahnen in der Region in den unmittelbaren Nachkriegsjahren altersbedingt verpasste – neben dem Winterthurer Trambetrieb das Ende der Uster-Oetwil-Bahn (UOeB, 1949), der Wetzikon-Meilen-Bahn (WMB, 1950) und der normalspurigen Uerikon-Bauma-Bahn (UeBB, 1948, heute vom DVZO genutzt) –, gehören seine Serien über diese Bahnen und die Schrott- und Abwrackplätzen zu seinen stärksten Eisenbahnfotos. Dass die von der Aufhebung ebenfalls bedrohte, von ihm schon sehr früh, 1965, porträtierte Bahn Nyon-St. Cergue-Morez (NStCM) mit ihren altersmüden, ramponierten Trieb- und Anhängewagen überleben würde, hätte er damals wohl kaum für möglich gehalten.

SIK_01-001947. Das Depot der 1969 eingestellten Sernftalbahn in Engi, März 1967.

SIK_01-002455. Das Depot der Bahn Nyon-St. Cergue in Nyon, April 1967.

Hans-Peter Bärtschi machte keine «schönen» Eisenbahnfotos für Hochglanzfotobücher, er dokumentierte in erster Linie. Dennoch steht ausser Zweifel, dass ihm die Symbiose von Dokumentation und Ästhetik bei zwei Bahnunternehmen in besonderem Masse gelungen ist: bei der RhB und bei der BLS. Darüber hinaus stellten für ihn die beiden Bahnen aber auch zwei beispielhafte Gesellschaften in Sachen Innovation und Bewahrung des eisenbahngeschichtlichen Erbes dar, in denen er viele seiner thematischen Interessen vereinigt sah. Die BLS wurde gleich als tunnel- und brückenreiche elektrische Vollbahn durch die Berner und Walliser Alpen gebaut, die 1913 mit den damals weltweit stärksten Elektrolokomotiven den Betrieb aufnahm. Neuland betrat die BLS auch mit der Inbetriebnahme der ersten Hochleistungslokomotiven ohne Laufachsen 1944/45. Ähnlich wie die SBB mit ihren «Roten Pfeilen» versuchte auch die BLS, in den 1930er-Jahren den Personenverkehr komfortabler und schneller zu gestalten. Ihre «Blauen Pfeile» erwiesen sich jedoch als wesentlich tauglicher im Alltagsverkehr als die «Roten Pfeile», deren Verwendung immer mehr auf Gesellschaftsfahrten eingeschränkt wurde. Vergleichbar innovativ beim Rollmaterial unterwegs war auch die RhB, deren Krokodile zu den von Bärtschi am häufigsten fotografierten Lokomotiven gehörten und die immer wieder weltweit leistungsfähigste Lokomotivenserien in Betrieb nahm. Beiden Strecken, aber auch der Gotthardstrecke der SBB gemein ist die meisterliche, ja harmonische Einpassung in die Gebirgslandschaft unter bestmöglicher Berücksichtigung der durch die Erbauer sorgfältig abgeklärten Naturgefahren. Inzwischen sind sie integraler Teil dieser Landschaften geworden, was im Falle der RhB-Strecken der Albulalinie und dem Bernina Express von Thusis nach Tirano 2008 Anerkennung als UNESCO-Welterbe fand.

SIK_01-013852. Ein RhB-Krokodil mit einem Personenzug in Bergün, Dezember 1981.

Die für diese Publikation ausgesuchten Aufnahmen sollen die Leserschaft explizit ermuntern, sich im Sinne von Citizen Science aktiv an der Weiterbearbeitung der Bildsammlung der Stiftung Industriekultur[10] zu beteiligen. Aus einsichtigen Gründen vermochten Sylvia Bärtschi-Baumann und Hans-Peter Bärtschi diese gigantische Sammlung von gegen 260'000 Fotos nicht im gewünschten Masse inhaltlich zu bearbeiten, was nicht zuletzt den zahlreichen Ferrophilen ein Tummelfeld eröffnet, ihr Fachwissen einzubringen und so Hans-Peter Bärtschis fotografisches Erbe lebendig zu erhalten.[11]

10 https://ba.e-pics.ethz.ch
11 Dies gilt namentlich für die unter SIK_03 geführten Bilder. Die Grundsätze für die Bearbeitung der Metadaten finden sich unter https://crowdsourcing.ethz.ch/mitmachen/

Literaturverzeichnis

Bärtschi, Hans-Peter: *Industrialisierung, Eisenbahnschlachten und Städtebau. Die Entwicklung des Zürcher Industrie- und Arbeiterstadtteils Aussersihl. Ein vergleichender Beitrag zur Architektur- und Technikgeschichte*, Geschichte und Theorie der Architektur 25, Basel: Birkhäuser, 1983. Zugleich Diss. phil. ETH Zürich, 1980.

Bärtschi, Hans-Peter: *Kilometer Null. Vom Auf- und Abbau der industriellen Schweiz*, Vontobel-Schriftenreihe Nr. 1660, Zürich: Vontobel-Stiftung, 2004.

Bärtschi, Hans-Peter: *Der Osten war rot. Ein gescheiterter Weltverbesserer 1967–1987. Postkommunistische Reportagen 1988–2008*, Zürich: Chronos Verlag, 2008.

Bärtschi, Hans-Peter: «Fotografische Dokumentationen aus 5 Jahrzehnten und 120 Ländern», in: *Industriekultur-Bulletin IN.KU*, 80/2017, S. 3.

Bärtschi, Hans-Peter: *Schweizer Bahnen 1844–2024. Mythos, Geschichte, Politik*, Zürich: Orell Füssli, 2019.

Bärtschi, Hans-Peter; Bärtschi-Baumann, Sylvia; Güller, Peter: *Die Nationalbahn. Vision einer Volksbahn*, Wetzikon: ProfilePublishing GmbH, 2009.

Eidgenössisches Amt für Verkehr: *Ein Jahrhundert Schweizer Bahnen: 1847–1947*. Jubiläumswerk des Eidgenössischen Post- und Eisenbahndepartementes in fünf Bänden, unter Mitwirkung der schweizerischen Eisenbahnen und in Zusammenarbeit mit zahlreichen Fachleuten, Frauenfeld: Huber, 1947–1964.

SJW-Hefte: Trans-Europ-Express-Zug (1958), SBB-Güterbahnhof (1959), SBB Triebwagen und Pendelzug (1960), Leichtschnellzug (1963), Die rollende Strasse (1961), Zürich: Schweizerisches Jugendschriftenwerk.

BILDER

Anmerkungen

Weitere Details zu den Bildern können über eine Abfrage im Gesamtbestand der Stiftung Industriekultur (E-Pics Bildarchiv – https://ba.e-pics.ethz.ch) unter Verwendung der jeweiligen Bildcode-Präfixe abgerufen werden. Explizit ermuntert wird, die teilweise nur rudimentären Daten zu ergänzen.

In den Bildlegeden werden die zum Zeitpunkt der Entstehung der Aufnahmen gültigen Bezeichnungen der jeweiligen Bahngesellschaften verwendet. Eine Liste aller noch bestehenden und eingestellten Eisenbahngesellschaften der Schweiz findet sich im Wikipedia-Artikel «Liste der Schweizer Eisenbahngesellschaften».

Typenbezeichnungen werden in der Regel nicht aufgeführt, entsprechende Informationen sind, sofern vorhanden, im E-Pics Bildarchiv erhältlich. Eine Übersicht über die Bauartbezeichnung Schweizer Lokomotiven und Triebwagen bietet der Wikipedia-Artikel «Bauartbezeichnungen der Schweizer Lokomotiven und Triebwagen».

SIK_01-004605

SIK_01-004605 / SIK_01-004606 / SIK_01-004607. Am – längst schon aufgehobenen – Bahnübergang in Winterthur Töss (Winter 1968/69)

SIK_01-015820

SIK_03-097554

SIK_01-015820. Bei Kempten (Wetzikon), 1984.
SIK_03-097554. Kanderviadukt bei Frutigen, Ende 1970er-Jahre.

SIK_03-098850

SIK_01-011160

SIK_03-098850. Bei Biberbrugg, ohne Angaben.
SIK_01-011160. Bei Biberbrugg, 1979.

SIK_03-105141

SIK_01-036529

SIK_03-105141. Lechelles an der Strecke Payerne–Fribourg, ohne Angaben.
SIK_01-036529. Clos du Doubs und St. Ursanne, Mai 1992.

SIK_01-040515

SIK_01-006686

SIK_01-040515. Bahnhof Gümmenen mit einem Triebwagen der Sensetalbahn (STB), 1993.
SIK_01-006686. Bei Saland, 1974–1976.

SIK_01-001293. Bahnhof Morges, 1966.

SIK_01-006826. Bahnhof Winterthur, 1974–1976.

SIK_03-098889

SIK_01-006617

SIK_03-098889. Bahnhof Appenzell mit Rollmaterial der SGA (St. Gallen-Gais-Appenzell) und der AB (Appenzellerbahn), ohne Angaben.
SIK_01-006617. Bahnhof Echallens der Bahn Lausanne-Echallens-Bercher (LEB), der ersten, 1873 eröffneten Schmalspurbahn der Schweiz, 1973–1976.

SIK_03-098509

SIK_03-098426

SIK_03-098509. Depot der Bahn Orbe-Chavornay in Orbe, August 1983.
SIK_03-098426. Bahnhof Huttwil der Vereinigten Huttwil-Bahnen (VHB), Mai 1982.

SIK_01-036527

SIK_01-002415. Bahnhof La Chaux-de-Fonds, April 1967.
SIK_01-036527. Triebwagen der Chemins de fer du Jura (CJ) auf dem Bahnhof Porrentruy, 1992.

SIK_01-013097

SIK_01-006854

SIK_01-013097. Für Bärtschi der Höhepunkt modernen Fahrkomforts: gleich zwei RAe TEE II im Gleisfeld vor dem Hauptbahnhof Zürich, 1981.
SIK_01-006854. Ein Dieseltriebzug RAm TEE 502 der SBB bei der Einfahrt in den Hauptbahnhof Zürich, 1976.

SIK_03-090070

SIK_03-095449

SIK_03-090070. Bärtschi mit dem Modell des Runddepots St. Gallen, 1987.
SIK_03-095449. Alternatives Bahnhofsschild beim Hauptbahnhof Zürich, Januar 1994.

SIK_03-078889

SIK_01-008904

SIK_03-078889. Hauptbahnhof Zürich, ohne Angaben.
SIK_01-008904. Hauptbahnhof Zürich, 1977/78.

SIK_01-006849

SIK_01-006847

SIK_01-006849. Eine Re 4/4 I in TEE-Farbgebung im Hauptbahnhof Zürich, 1976.
SIK_01-006847. Ein Dieseltriebzug SBB RAm TEE 502 als TEE Edelweise vor der Abfahrt nach Amsterdam, Hauptbahnhof Zürich, 1976.

SIK_01-003687

SIK_01-003668

SIK_01-003687. Bahnhof Ossingen, 1968.
SIK_01-003668. Bahnhof Oberwinterthur, 1968.
SIK_03-108270. Bei Airolo, Juni 1982.

SIK_01-007309

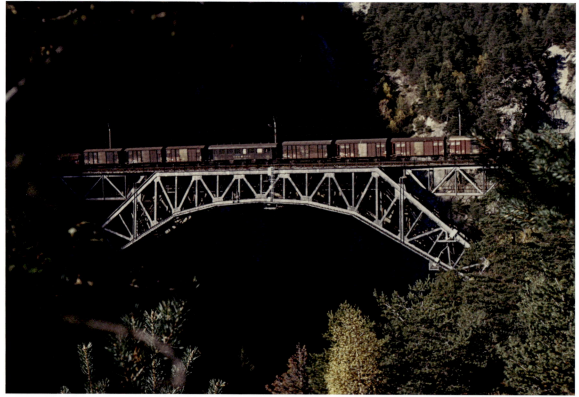

SIK_03-098044

SIK_01-007309. Ein Güterzug in Dreifachtraktion – zwei Re 4/4 II und eine Ae 6/6 – bei Wassen, Oktober 1976.
SIK_03-098044. Bietschtal-Brücke auf der Lötschberg-Südrampe der BLS, Oktober 1967.

SIK_03-097694

SIK_01-008864

SIK_03-097694. Bei Kandersteg, August 1988.
SIK_01-008864. Bahnhof Göschenen, Februar 1978.

SIK_03-100314. Station Lavin mit einem RhB-Krokodil, Januar 1984.
SIK_03-097792. Lötschberg-Südrampe zwischen Eggenberg und Aussenberg, 1988.

SIK_01-004468

SIK_01-012260

SIK_03-110058

SIK_01-006582

SIK_01-006552

SIK_01-009063

SIK_01-006950

SIK_03-109149

SIK_01-006586. Sitterviadukt, September 1972.
SIK_01-004468. Rheinbrücke bei Eglisau, 1968.
SIK_01-012260. Limmatbrücke bei Wettingen, 1980.
SIK_03-110058. Rheinbrücke bei Hemishofen, ca. April 1980.
SIK_01-006582. Sitterviadukt bei St. Gallen, September 1972.
SIK_01-006552. Weissenbach-Viadukt bei Degersheim, September 1972.
SIK_01-009063. Saaneviadukt bei Gümmenen, September 1978.
SIK_01-006950. Thur-Viadukt bei Ossingen, 1975/76.
SIK_03-109149. Rheinbrücke bei Schaffhausen, März 1978.

SIK_01-051054

SIK_01-012581

Seiten 50/51

SIK_01-036548. Klus bei Moutier, Mai 1992. SIK_01-051054. S-charl-Modell, 1998.
SIK_03-101761. Langwieser-Viadukt, August 1995. SIK_01-012581. Furkareuss-Brücke der Furka-Oberalp-Bahn (FO) bei Realp, Oktober 1980.

SIK_03-100375

SIK_03-102841

SIK_03-100375. Lehnen-Viadukt auf der Albula-Strecke der RhB oberhalb der Kreuzungsstation Muot, September 1996.
SIK_03-102841. Staffenbach-Brücke der FO oberhalb Realp, Oktober 1981.

SIK_01-054304.

SIK_01-002634.

SIK_01-054304. Ausweichstation Winteregg auf dem Adhäsionsabschnitt der Lauterbrunnen-Mürrenbahn (BLM), Januar 2000.
SIK_01-002634. Bahnhof Capolago der Monte-Generoso-Bahn, April 1966.

SIK_03-103122

SIK_03-103231

SIK_03-103122. Station Eigergletscher der Jungfraubahn, August 1995.
SIK_03-103231. Station Kleine Scheidegg der Wengernalpbahn, ca. 1997.

SIK_01-013541

SIK_03-102070

SIK_01-003296. Ausgangsstation Brunnen der 1969 aufgehobenen Brunnen-Morschach-Bahn, Oktober 1967.
SIK_01-013541. Talstation der Zahnradbahn Lausanne-Ouchy, Juli 1981.
SIK_03-102070. Bahnhof der Arth-Rigi-Bahn in Arth-Goldau, Juli 1985.

SIK_01-030111

SIK_03-102174

SIK_01-030111. Brienz-Rothorn-Bahn, 1980.
SIK_03-102174. Brienz-Rothorn-Bahn, August 1990.
SIK_03-081364. Bahn des Kraftwerks Emosson, August 1994.

SIK_01-001141. Pilatusbahn, 1966.

Seiten 62/63

SIK_01-009384. Ausrangierter Anhänger der Verkehrsbetriebe Zürich als Kindergarten eines Spinnereibetriebs in Freienstein, Juli 1978.

SIK_03-079128. Ausrangierter Wagen der Standseilbahn des Kraftwerks Ritom, August 1999.

SIK_01-001141

SIK_01-001367

SIK_01-001368

SIK_01-001367 / SIK_01-001368. Tramfriedhof der Transports publics de la région lausannoise in Romont, 1966.

SIK_01-000162

SIK_01-003193

SIK_01-000162. Abstellgeleise beim Tramdepot der Forchbahn, 1966.
SIK_01-003193. Abbruch von Tramwagen der Verkehrsbetriebe Zürich beim Depot Irchel, September 1967.

SIK_01-005131

SIK_01-005130

SIK_01-005131 / SIK_01-005130. Abbruch von schweren SBB-Personenwagen in Biasca, 1969.

SIK_01-045449

SIK_01-001551

SIK_01-045449. Abbruch von SBB-Lokomotiven des Typs Ae 4/7 in Kaiseraugst, 1995.
SIK_01-001551. Eine beachtliche Zahl von Krokodilen warten vor dem Depot Zürich auf ihren Einsatz, Dezember 1966.

SIK_03-072045

SIK_01-045383

SIK_01-045667. Führerstand eines SBB RAe TEE II auf dem Schrottplatz in Kaiseraugst, 1995.
SIK_03-072045. Kaiseraugst, Mai 2003.
SIK_01-045383. Kaiseraugst, 1995.

SIK_01-004224

SIK_01-055042

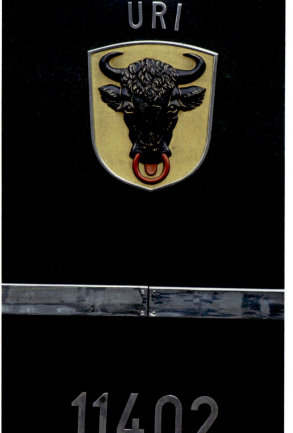

SIK_03-112341

SIK_01-002187

SIK_01-058499

SIK_01-004224. Plakette einer für die griechischen Staatsbahnen hergestellten Lokomotive der SLM aus dem Jahr 1908, Juli 1968.
SIK_01-055042. Depot Romanshorn, 2001.
SIK_03-112341. Kantonswappenlokomotive Ae 6/6 Uri, ohne Angaben.
SIK_01-002187. Beim Depot Worb abgestellter Güterwagen, März 1967.
SIK_01-058499. Depot Winterthur, 2004.

SIK_01-052873

SIK_01-052873. Stellwerk Kerzers, 1999.
SIK_01-054958. Stellwerk Weinfelden, 2001.

SIK_01-000495 / SIK_01-000506. Führerstand der Em 3/3 Werklok der Firma Sulzer in Oberwinterthur, Mai 1966.

SIK_01-020186

SIK_03-111980

SIK_01-020186. Station Alpnach-Dorf, November 1987.
SIK_03-111980. Rangierbahnhof Muttenz, September 1978.

SIK_01-052803

SIK_01-036555

SIK_01-052803. Kunstseidenfabrik Viscose Emmen, 1999.
SIK_01-036555. Von-Roll-Eisenwerk, Klus bei Oensingen, Mai 1992.

78

SIK_01-040016

SIK_01-040016. Rangierbahnhof Limmattal, April 1993.
SIK_01-035459. Rheinhafen Basel, März 1993.

SIK_03-096163

SIK_03-095098

SIK_03-096163. Gaswerk Schlieren, ohne Angaben.
SIK_03-095098. Swiss Mill, Zürich, Juli 1989.

SIK_03-099516

SIK_03-075928

SIK_03-099516. Schmalspurtraktor der Chemins de fer fribourgeois Gruyère-Fribourg-Morat, September 1996.
SIK_03-075928. Remise der Kriens-Luzern-Bahn in Kriens, Juni 1995.

SIK_03-075116

SIK_01-001912

SIK_03-075116. Werkbahn der Firma Von Roll in Rondez, August 1990.
SIK_01-001912. Werkbahn der Firma Sulzer, Oberwinterthur, Februar 1967.

SIK_01-002272

SIK_01-000339

SIK_01-002272. Werkbahn der Holzfirma Renfer, Biel, März 1967.
SIK_01-000339. Werkbahn der Eisenwerke von Moos, Emmenbrücke, April 1967.

SIK_01-000511

SIK_01-000512

SIK_01-000511 / SIK_01-000512 / SIK_01-000513 / SIK_01-000515 / SIK_01-000514. Werklokomotive der Firma Sulzer, Winterthur Tössfeld, Mai 1966.

Seiten 86/87

SIK_01-000913. Werklokomotive der Firma +GF+, Schaffhausen, 1966.

SIK_01-009114. Ein SBB-Krokodil in St. Gallen Bruggen, September 1978.

SIK_01-001103. Depot der Brienz-Rothorn-Bahn, Oktober 1966.

SIK_01-000403. Werklokomotive der Brauerei Salmen, Rheinfelden, April 1966.

SIK_01-016523. Dieselelektrische Lokomotive Bm 4/4 der SBB anlässlich einer Lokparade zur 125-Jahrfeier des Basler Centralbahnhofs, Oktober 1985.

SIK_01-000513

SIK_01-000913

SIK_01-009114

SIK_01-001103

SIK_01-000403

SIK_01-056575

SIK_03-111165

SIK_01-056572. Depot Winterthur, 2001.
SIK_01-056575. Eine Ae 6/6 in der Remise des Depots Winterthur, 2001.
SIK_03-111165. Zumindest einige Ae 6/6 wurden vor ihrer Ausserdienstsetzung noch rot gestrichen: zwei Schweizerkreuz-Lokomotiven in beiden Farbgebungen vor dem Depot Winterthur, März 1999.

SIK_03-091002

SIK_01-057663

SIK_01-029118. Werkgelände der Firma Sulzer, Winterthur, 1990/91.
SIK_03-091002. Depot Winterthur, Oktober 2002.
SIK_01-057663. Eisenbahnknoten Winterthur, 2002.

94

SIK_01-000375

SIK_01-001089

Seiten 92/93
SIK_01-021268. Depot Winterthur, April 1988.

SIK_01-004486

SIK_01-000375. Rangierbahnhof Basel, April 1966.
SIK_01-001089. Depot Meiringen, Oktober 1966.
SIK_01-004486. Winterthur Töss, letzte Fahrt einer C 5/6, November 1968.

SIK_01-005224

SIK_01-005524

SIK_01-005224 / SIK_01-005524. Platzierung einer C 5/6 vor dem neuen Laborgebäude der Firma Sulzer, August 1969 / März 1970.

97

SIK_03-089361

SIK_03-089335

Seiten 97–99

SIK_03-089361 / SIK_03-089335 / SIK_03-089358 / SIK_03-089342 / SIK_01-005641 / SIK_01-001856 / SIK_01-005559 / SIK_01-000177 / SIK_01-000126 / SIK_01-002888 / SIK_01-000125 / SIK_01-005317. Dampfspeicherlokomotive des Winterthurer Gaswerkes, 1966–1971.

SIK_03-089358

SIK_03-089342

SIK_01-005641

SIK_01-001856

SIK_01-005559

SIK_01-000177

SIK_01-000126

SIK_01-002888

SIK_01-000125

SIK_01-005317

SIK_01-017053.
SBB Hauptwerkstätte
Olten, ca. 1967.

Seiten 102/103

SIK_03-075992 /
SIK_01-003484.
Werkbahn der
Papierfabrik Perlen,
Root, 1966/68.

SIK_01-003435

SIK_01-003424

SIK_01-003435 / SIK_01-003424. Bekohlung einer C 5/6 beim Depot Erstfeld, Dezember 1967.

SIK_01-002317

SIK_01-002318

SIK_01-002317 / SIK_01-002318. Werkbahn der Papierfabrik Perlen, Root, März 1967.

SIK_01-000850

SIK_01-003125

SIK_01-000850 / SIK_01-000840. An der 1969 stillgelegten Strecke Niederglatt–Otelfingen, 1966.
SIK_01-003125. Bahnhof Dürnten der 1969 eingestellten Uerikon-Bauma-Bahn, 1967.

SIK_01-000840

SIK_01-001211

SIK_01-001211. Trassee der 1967 aufgehobenen Leuk-Leukerbad-Bahn, 1966.

SIK_03-098050. Rhonebrücke bei Brig, Januar 1979.

SIK_01-037601

SIK_01-037601. Bei Maienfeld, 1992.

SIK_01-038460

SIK_01-005603

SIK_01-038460. Zwei Ae 4/7 in Doppeltraktion vor einem Güterzug in La Praille, Oktober 1992.
SIK_01-005603. Güterzug mit einer Ae 6/6 in Winterthur Töss, März 1970.

SIK_01-005548

SIK_01-003603

SIK_01-005548. Eine Re 4/4 und eine Ae 4/7 in Doppeltraktion ausgangs Winterthur, März 1970.
SIK_01-003603. Eine Be 6/8 mit einem Kiesblockzug in Winterthur Töss, Januar 1968.

SIK_01-003509

SIK_01-000423

Seiten 112/113

SIK_01-009106. Eine SBB-Krokodil Be 6/8 auf der Drehscheibe der Lokremise St. Gallen, September 1968.

SIK_01-003509. Doppel-Lokomotive Ae 8/14 Nr. 11801 in Erstfeld, 1967/68.
SIK_01-000423. Doppel-Lokomotive Ae 8/14 Nr. 11851 vor dem Depot Bellinzona, April 1966.

SIK_01-001183

SIK_01-011585

SIK_01-001183. Eine BLS-Doppel-Lokomotive in Brig, 1966.
SIK_01-011585. Doppel-Lokomotive Ae 8/14 Nr. 11852 vor dem Depot Erstfeld, 1965–1970.

SIK_01-000415

SIK_03-090419

SIK_01-000415. Revisionarbeiten an drei Ae 6/6 in der Hauptwerkstätte Bellinzona, April 1966.
SIK_03-090419. Werklokomotive der Firma Sulzer, Winterthur, ohne Angabe.

SIK_01-005365

SIK_01-058273

SIK_01-005365. Zwei Schmalspurtriebwagen der Gruyère-Fribourg-Morat in Gruyère, 1969.
SIK_01-058273. Eine Ae 6/6 vor einem Kürzestgüterzug in Malters, 2003.

SIK_03-099886

SIK_03-092861

SIK_03-099886. Kasten eines Triebwagens der Métro Lausanne in den Atéliers de constructions mécaniques Vevey, Juni 1995.
SIK_03-092861. Montagehalle der SLM mit Triebfahrzeugen u. a. für die SBB, die Gruyère-Fribourg-Morat und die Montreux-Oberland-Bahn, August 1990.

SIK_03-072090

SIK_01-045560

SIK_03-072090. Montage eines SBB-Neigezuges durch die Schindler Waggon AG in Pratteln, Juli 2000.
SIK_01-045560. Der Kasten einer Re 460 vor den Werktoren der SLM in Winterthur, Oktober 1995.

SIK_01-029733

SIK_01-046043

Seiten 120/121

SIK_01-035350. Lokomotivkasten einer Lok 2000 noch ohne Farbe auf dem Werkgelände der SLM Winterthur, 1992.

SIK_01-029733. Zürcher S-Bahn-Doppelstockzug in Wipkingen, August 1990.
SIK_01-046043. Montagehalle der SLM in Winterthur mit Dampflokomotiven für die Rigibahnen und die niederösterreichische Schneebergbahn sowie Kompositionen für die Zürcher S-Bahn, 1996.

SIK_03-078891

SIK_01-051381

SIK_03-078891. Doppelstockzug der Zürcher S-Bahn in Neuhausen, ohne Angabe.
SIK_01-051381. Triebkopf eines Zürcher S-Bahn-Doppelstockzuges auf dem Werkgelände der Winpro (vormals SLM) in Winterthur, November 1998.

SIK_03-095820

SIK_03-100834

SIK_03-095820. Die Limmatstrasse in Zürich mit den Viadukten nach Letten und Wipkingen, ohne Angabe.
SIK_03-100834. RhB-Pendelzug aus Arosa kurz vor der Einfahrt in den Bahnhof Chur, November 1988.

SIK_01-040130

SIK_03-095825

SIK_01-040130. Eine Re 4/4 II vor einem internationalen Zug mit Wagen der SBB und der Deutschen Bahn in Frick, April 1993.
SIK_03-095825. Eine «Chiquita» auf dem Letten-Viadukt in Zürich, März 1984.

SIK_03-099401.

SIK_01-038752.

SIK_03-099401. Endstation der Centovallibahn in Locarno, ca. April 1967.
SIK_01-038752. Zugskreuzung auf der Grenzstation Camedo der Centovallibahn, November 1992.

SIK_01-002633

SIK_01-002669

SIK_01-002633. Endhalt der 1970 eingestellten Bahn Lugano-Cadro-Dino am Ufer des Luganersees, April 1967.
SIK_01-002669. Triebwagen der Lugano-Ponte-Tresa-Bahn in Lugano, April 1967.

SIK_01-002557

SIK_01-002558

SIK_01-002557. Verlad von Milchkannen in einen Zug der ASD (Aigle-Sépey-Les Diablerets) auf dem Bahnhofplatz in Aigle, April 1967.
SIK_01-002558. Züge der ASD (Aigle-Sépey-Les Diablerets), AL (Aigle-Leysin) und AOMC (Aigle-Ollon-Monthey-Champéry), Bahnhofplatz Aigle, April 1967.
SIK_03-099033. Station Acquarossa der 1973 aufgehobenen Bahn Biasca-Acquarossa, ca. 1966.

SIK_01-000038

SIK_03-102226

Seiten 130/131

SIK_01-006811. Der BDe 4/4 18 der Wynental- und Suhrentalbahn auf der noch heute bestehenden anachronistischen Niveaukreuzung mit der SBB-Linie Suhr-Zofingen, 1974–1976.

SIK_01-000038. Triebwagen der Bremgarten-Dietikon-Bahn auf dem Mutschellenpass, Juli 1967.
SIK_03-102226. Station Morschach-Axenfels der 1969 eingestellten Brunnen-Morschach-Bahn, ca. Dezember 1967.

SIK_03-104225

SIK_01-006650

SIK_03-104225. Der fünfzehnjährige Hans-Peter Bärtschi porträtierte die Strassenbahn Schaffhausen-Schleitheim in deren letztem Betriebsmonat September 1964.
SIK_01-006650. Komposition der Vereinigten Bern-Worb-Bahnen mit zwei Motorwagen bei Wislenboden, März 1974.

SIK_01-025237

SIK_01-002522

SIK_01-025237. Gemischter Zug der St. Gallen-Gais-Appenzell-Bahn bei Gais Zweibrücken, August 1989.
SIK_01-002522 / SIK_01-002523. Güterzug der Lausanne-Echallens-Bercher-Bahn in Lausanne, April 1967.

SIK_03-099790.

SIK_01-002523.

SIK_03-099790. Güterzug der Trogenerbahn kurz vor Trogen, September 1972.

SIK_03-098767

SIK_03-100886

SIK_03-098767. Triebwagen der Südostbahn in Biberbrugg, August 1988.
SIK_03-100886. Triebwagen der ehemaligen RhB-Strecke Bellinzona-Mesocco vor dem Depot in Mesocco, ca. 1966.

SIK_03-099563

SIK_01-001078

SIK_03-099563. Triebwagen der Meringen-Innertkirch-Bahn, Juni 1994.
SIK_01-001078. Akkutriebwagen der Meringen-Innertkirch-Bahn, Oktober 1966.

SIK_01-005302

SIK_01-015630

SIK_01-005302. Gelenktriebwagen der Bremgarten-Dietikon-Bahn kurz nach seiner Auslieferung auf fremden Geleisen auf der Station Zollikofen der Solothurn-Zollikofen-Bern-Bahn SZB, Oktober 1969.
SIK_01-015630. Zwei Gelenktriebwagen der Bremgarten-Dietikon-Bahn auf dem Bahnhofplatz in Dietikon, ca. Januar 1983.

SIK_01-005300

SIK_03-099224

SIK_01-005300. Gelenktriebwagen der Bremgarten-Dietikon-Bahn vor dem Stationsgebäude Zollikofen, Oktober 1969.
SIK_03-099224. Gelenktriebwagen der Bremgarten-Dietikon-Bahn in Dietikon, ohne Angabe.

SIK_01-000231

SIK_03-073760

SIK_01-000231. Zwei Tramwagen der Verkehrsbetriebe Schaffhausen kurz vor dem Ersatz des Trambetriebs durch Busse an der Endstation der Linie 1 in Neuhausen, April 1966.
SIK_03-073760. Tramwagen der Genfer Verkehrsbetriebe in Carouge, August 1982.

SIK_03-102019

SIK_01-002224

SIK_03-102019. Zug der Aigle-Leysen-Bahn in Aigle, Februar 1982.
SIK_01-002224. Kurs der Tranport en commun de Neuchâtel et environs nach Corcelles in Neuchâtel, März 1967.

SIK_01-002005.

SIK_01-001972.

SIK_01-002005. Ablad einer fabrikneuen «Mirage» auf dem Gelände des Depots der Verkehrsbetriebe Zürich (VBZ), März 1967.
SIK_01-001972. VBZ-Depot Kalkbreite mit älterem Rollmaterial, März 1967.
SIK_01-002731. Ein bei einem Unfall beschädigter VBZ-Tramwagen im Depot Irchel, April 1967.

SIK_01-056878

SIK_01-044586

SIK_01-056878. Antrieb eines SBB-Krokodils in der SBB-Unterführung Wülflingerstrasse in Winterthur, 2002.
SIK_01-044586. Drehgestell der BLS-Probelokomotive Ce 6/6, Mai 1995.

SIK_01-000279

SIK_01-027417

SIK_01-000279. Kropfachse einer Dampflok vom Typ A 3/5 der SBB im Verkehrshaus der Schweiz in Luzern, April 1966.
SIK_01-027417. Werkhalle 2 der SLM in Winterthur, Januar 1990.

SIK_01-000248

SIK_02-01-1896

SIK_01-000248. Putzgrube im SBB-Depot Winterthur, April 1966.
SIK_02-01-1896. Perrondach in Winterthur-Grütze, Mai 1974.

SIK_01-003496

SIK_01-000362

SIK_01-003496. Laufachse einer Ae 4/7 im Winterdienst, 1968.
SIK_01-000362. Achslager eines noch von der Schweizerischen Nordostbahn (NOB) beschafften Güterwagens, April 1966.

SIK_02-01-2107

Seiten 148/149

SIK_01-057519. Normalspurkesselwagen auf Rollschemeln der SBB-Brünigbahn in Meiringen, 2002.

SIK_02-01-2107. Stationsgebäude Ossingen, Juni 1976.

SIK_02-01-0747

SIK_02-01-0792

SIK_02-01-0811

SIK_02-01-0803

SIK_02-01-0747. Perron 1 des Bahnhofs Rapperswil, September 1967.
SIK_02-01-0792. Stationsgebäude Mumpf, Oktober 1967.
SIK_02-01-0811. Bahnhof Zürich Altstetten, November 1967.
SIK_02-01-0803. Bahnhof Kaiseraugst, Oktober 1967.

SIK_02-01-0771. Station Schänis, Oktober 1967.

SIK_02-01-2211. Station Lütisburg, November 1975.

SIK_02-01-0830. Stationsgebäude Killwangen-Spreitenbach, November 1967.

SIK_02-01-2175. Haltestelle Sitterdorf, September 1975.

SIK_01-017064

SIK_03-097958

SIK_01-017064. Die Be 4/7 Nr. 12505 mit braunem Anstrich vor Güterwagen mit Zuckerrüben mit Bestimmung Aarberg in Schüpfen, 1983.
SIK_03-097958. Eine Ae 6/8 der BLS mit historischen SBB-Lokomotiven und -Wagen in Göschenen, August 1988.

SIK_01-017493

SIK_01-017057

SIK_01-017493. Personenzug mit einer Ae 3/6 Irenfer in Dietfurt, ca. 1980.
SIK_01-017057. Die SBB-Protoyplokomotive Ce 6/8 Nr. 14201, ca. 1983.

SIK_01-012527

SIK_01-012525

SIK_01-012527 / SIK_01-012525. Bahnhof Giswil der SBB-Brünigstrecke, August 1980.

SIK_01-029569

SIK_01-014117

SIK_01-029569. Von einer Ae 4/7 geführter Personenzug in Frauenfeld, Juli 1990.
SIK_01-014117. Eine Be 4/4 der Emmental-Burgdorf-Thun-Bahn mit einem Kesselwagenblockzug und ein Personenzug der SBB mit einer Ae 4/7 auf dem Bahnhof Wolhusen, Mai 1982.

Biografie

Thomas Eichenberger, geboren 1959, ist Historiker und als wissenschaftlicher Mitarbeiter am Institut für Kartografie und Geoinformation der ETH Zürich tätig.

Impressum

Konzept und Text:
ETH-Bibliothek, Zürich, und Thomas Eichenberger
Lektorat: Sandra Leitte
Korrektorat: Maike Kleihauer
Gestaltung: Claudio Barandun
Lithografie, Druck und Bindung:
DZA Druckerei zu Altenburg GmbH, Thüringen
© 2023 ETH-Bibliothek, Zürich, und
Verlag Scheidegger & Spiess AG, Zürich

Verlag Scheidegger & Spiess
Niederdorfstrasse 54
8001 Zürich
Schweiz
www.scheidegger-spiess.ch

Der Verlag Scheidegger & Spiess wird vom Bundesamt für Kultur mit einem Strukturbeitrag für die Jahre 2021–2024 unterstützt.

Alle Rechte vorbehalten; kein Teil dieses Werks darf in irgendeiner Form ohne vorherige schriftliche Genehmigung des Verlags reproduziert oder unter Verwendung elektronischer Systeme verarbeitet, vervielfältigt oder verbreitet werden.

ISBN 978-3-03942-153-4

Cover

SIK_01-035756. Lokführer putzt das Führerstandsfenster einer Re 4/4 III, 1992.